N° 8

PROCÈS-VERBAUX DES SÉANCES

DE LA

COMMISSION NOMMÉE POUR L'ÉTUDE

DE LA

QUESTION DES DOUANES

RAPPORT DE M. RIVIÈRE

SUR LA QUESTION

SAIGON

IMPRIMERIE C. GUILLAND & MARTINON

1883

PROCÈS-VERBAUX DES SÉANCES

DE LA

COMMISSION NOMMÉE POUR L'ÉTUDE

DE LA

QUESTION DES DOUANES

RAPPORT DE M. RIVIÈRE

SUR LA QUESTION

SAIGON

IMPRIMERIE C. GUILLAND & MARTINON

1883

PROCÈS-VERBAUX DES SÉANCES DE LA COMMISSION

NOMMÉE POUR L'ÉTUDE DE LA

QUESTION DES DOUANES

RAPPORT DE M. RIVIÈRE

SUR LA QUESTION.

La Commission nommée le 23 octobre par l'assemblée du Conseil colonial, de la Chambre de commerce et du Conseil municipal de Saigon réunis, pour étudier la question de l'établissement des douanes en Cochinchine et préparer la discussion de cette question en assemblée générale, s'est réunie le jeudi 25 octobre 1883, dans la salle des séances du Conseil colonial, sous la présidence de M. Jouvet, négociant, délégué de la Chambre de commerce, son doyen d'âge.

La séance est ouverte à quatre heures quarante-cinq minutes.

Etaient présents :

MM. Jouvet, président d'âge,
    Cornu Edouard, négociant,
    Catoire, propriétaire,

Membres de la Chambre de commerce,

MM. Rivière, négociant,
    K. Shroeder, entrepreneur,

Membres du Conseil colonial.

M. Niobey, avocat,

Membre du Conseil municipal,

M. Vienot, publiciste, second représentant du Conseil municipal est absent.

Il est procédé à l'élection du bureau, le scrutin ouvert pour la nomination du président donne les résultats suivants :

Votants 6 :

MM. Cornu, 4 voix.
Jouvet, 2 voix,

M. Cornu, est élu président.

Le scrutin est ouvert pour la nomination du secrétaire.

Votants 6 :

M. Niobey, 5 voix.
M. K. Schroeder, 1 voix.
M. Niobey, est élu secrétaire.
M. Cornu prend alors la présidence.

M. Niobey exprime le désir que la discussion soit renvoyée à un autre jour, afin de permettre une étude plus approfondie d'une question des plus sérieuses.

M. le Président dit qu'il partage cet avis et engage les membres de la commission à rechercher et à lire, s'ils le peuvent, les discussions à la suite desquelles les Conseils généraux des diverses colonies ont repoussé le système des douanes protectrices ; car il pense qu'une douane protectrice pèsera lourdement sur les populations de la colonie sans nécessité aucune et sans avantage sérieux. Il ne serait pas opposé à une douane fiscale, devant atteindre tous les produits importés quelqu'en soit la provenance, si le besoin s'en faisait sentir, et encore faudrait-il savoir ce qu'elle pourrait produire ; il serait même très partisan de cette douane, qu'il considère comme un excellent moyen de répartir l'impôt, mais il ne veut pas d'une douane protectrice et l'exemple des autres colonies qui ont tout fait pour s'en débarrasser n'est pas pour l'encourager à inaugurer ce système en Cochinchine, il est convaincu que nous serions les seuls à accueillir favorablement cette idée.

M. Jouvet ne serait pas opposé au contraire à ce système, il rappelle que jusqu'en 1866, tout au moins jusqu'en 1862, les marchandises étrangères étaient absolument prohibées et ne pouvaient entrer dans aucune colonie, c'était en effet aller trop loin, mais il pense qu'il est bon que le commerce et l'industrie nationale soient protégés contre la concurrence étrangère.

M. Schroeder fait remarquer que c'est en 1861 que le système de prohibition complète a été aboli.

M. Rivière, qui était à Maurice en 1861, se souvient parfaitement que les produits de cette colonie et les autres produits étrangers ne pouvaient entrer à la Réunion, mais il serait lui aussi partisan d'un système de douane protecteur, qui permit de vendre les marchadises françaises moins cher que les produits similaires étrangers, ce qui faciliterait et augmenterait dans de larges mesures l'importation des produits nationaux.

M. Cornu insiste et croit que si les autres colonies ont tout fait pour échapper à ce système et ont réclamé pendant de longues années le libre échange, c'est parce qu'elles en avaient apprécié les inconvénients et en avaient souffert ; il engage vivement les membres de la commission à lire l'historique de cette question dans les procès-verbaux des Conseils généraux de la Réunion, de la Martinique et de la Guadeloupe.

M. Rivière dit que le ministère se préoccupant de la gêne du commerce français, du peu d'affaires d'exportation que la métropole fait avec les colonies, a cherché, a, pour ainsi dire, ausculté la situation et que l'établissement des douanes lui a paru le moyen le plus pratique, en faisant ainsi entrer les marchandises françaises aux colonies à meilleur marché.

MM. Cornu et Schroeder s'élèvent contre cette interprétation, les marchandises françaises ne seront pas meilleur marché pour cela, seulement les marchandises étrangères, frappées de droits différentiels, seront plus chères et, somme toute, c'est le consommateur qui sera forcé de payer un prix plus cher, sans qu'à leur sens, il en résulte aucun avantage pour la colonie ; seuls, quelques fabricants de la métropole en profiteront et ils n'en voient pas la nécessité.

M. Catoire demande ce qu'il y aurait à faire si le Gouvernement métropolitain imposait la douane protectrice.

M. Cornu répond qu'en ce cas il n'y aurait qu'à se soumettre, mais qu'il persiste à penser qu'il ne faut absolument pas aller au devant de la mesure et paraître la solliciter.

M. Catoire est partisan du système protecteur, il croit qu'il faut, même au prix de sacrifices, favoriser le commerce national et il pense que l'impulsion donnée à l'importation des produits français de toute nature serait considérable ; il veut, ajoute-t-il, faire des colonies pour la France et non pour les étrangers. Avec une plus grande importation française, de nouvelles maisons se créeront vraisemblablement et les industriels français auront un nouveau débouché qui leur permettra de se créer de meilleures situations.

M. Vienot entre en séance à cinq heures vingt-cinq minutes et s'excuse de n'être pas venu plus tôt.

M. Niobey demande, pour la seconde fois, que la discussion soit renvoyée à un autre jour.

La commission s'ajourne au lundi 29 octobre à trois heures et demie.

La séance est levée à 5 heures et demie.

Séance du 29 octobre 1883.

La séance est ouverte à 3 h. 45 m. sous la présidence de M. Cornu.

Tous les membres de la Commission sont présents.

Le procès-verbal de la dernière séance est lu et adopté sans observations.

M. Vienot demande la parole :

Il a cherché, dit-il, à s'éclairer autant qu'il l'a pu sur la question qui est soumise à la Commission, et a trouvé dans le répertoire général de jurisprudence de Dalloz au mot *Organisation des colonies* n° 390, des renseignements qu'il a du reste résumés dans l'article qu'il a publié, sur cette question des douanes, dans son journal *l'Indépendant de Saigon*.

Autrefois les colonies considérées uniquement comme des annexes de la métropole ne pouvaient commercer qu'avec la mère patrie, pour lui fournir les produits divers de leur culture et de leur industrie qui manquaient à la France ; d'un côté, elles étaient obligées de ne livrer qu'à la mère patrie les produits exportés, d'un autre côté, elles ne pouvaient s'approvisionner, des choses qui leur étaient nécessaires, que par des importations de la métropole.

Telle était l'économie du pacte colonial qui a fonctionné depuis Colbert jusqu'en 1861 ; cette prohibition absolue de tout commerce avec l'étranger, avait quelque chose d'excessif et il était nécessaire d'y remédier :

En 1861, on abandonna le système dit pacte colonial et la loi du 3 juillet 1861 créa un système mixte, les marchandises étrangères eurent libre accès aux colonies et moyennant une surtaxe de pavillons, qui leur était appliquée, les navires étrangers furent admis à faire les transports des produits de provenance ou à destination coloniale. Quant au cabotage, il continuait à être le monopole des navires français.

Les trois grandes colonies, la Martinique, la Guadeloupe et la Réunion, traversaient alors une crise agricole et financière, dont elles ressentent encore les effets aujourd'hui et elles demandèrent avec instance de nouveaux dégrèvements ; c'est alors que le *senatus consulte* du 4 juillet 1866 donna aux conseils généraux des grandes colonies le droit de voter les tarifs des douanes locales, sauf ratification par décret et successivement les trois colonies supprimèrent tous les droits de douane sur les marchandises étrangères, sauf en ce qui concernait certains produits locaux, les produits similaires étrangers restant frappés de droits prohibitifs, et un octroi de mer grevant toutes les marchandises importées, quelle que soit leur provenance.

Telle a été, dit M. Vienot, la marche des choses, aujourd'hui ce ne sont plus les colonies qui se plaignent, c'est la métropole, c'est le commerce français qui demande qu'on lui aide à lutter contre la concurrence étrangère et il s'agit de voir si ses plaintes, si ses prières doivent être écoutées.

La Cochinchine est une colonie nouvelle, qui n'a pas eu à subir jusqu'ici les crises traversées par les autres, il n'y a ni douanes, ni octroi de mer et les produits étrangers y écrasent le marché français. Devons nous chercher à y faciliter l'importation des produits français, à favoriser ainsi le développement de l'industrie nationale, du commerce de la métropole ?

Oui, dit M. Vienot, au prix de tous les sacrifices, fussent-ils grands, mais en réalité, ajoute-t-il, ils seraient minimes, parce que le corollaire immédiat de la création des douanes serait le dégrèvement simultané d'une partie des droits de sortie sur les riz ; en l'abaissant à 10 cents par exemple, on faciliterait à nos riz l'accès des marchés voisins et de cette façon, on retrouverait aisément la différence ; le producteur qui, en réalité, supporte les 15 cents par picul de droit de sortie, se récupérerait de la portion d'impôt qu'il paierait, par suite des droits d'entrée, il y aura déplacement d'impôt et non une charge nouvelle.

Les droits d'entrée, du reste, pourraient, devraient même être calculés de manière à atteindre ce but.

M. Vienot voit à la création des douanes un double avantage, au profit du commerce français d'abord, au profit de la navigation ensuite.

Il faut malheureusement constater qu'en Cochinchine, le commerce se fait surtout et presqu'exclusivement avec l'étranger, les produits français sont délaissés et cela provient de la différence des prix. En France pour faire face aux dépenses toujours croissantes, on a été forcé de grever de lourds impôts les produits de l'industrie, les cotonnades, par exemple, sont frappées de droits s'élevant à 15 p. 0/0 ; si on y ajoute le transport et les frais divers, les commissions de 3 ou 4 p. 0/0, les produits français de cette nature sont soumis à 18 ou 20 p. 0/0 de droits. Comment peuvent-ils lutter sur la place avec les produits similaires étrangers venant par navires étrangers et ne payant aucun droit ? De là le peu d'affaires d'importation nationale.

Il faut donc frapper de droits d'entrée les produits étrangers et cela pour deux raisons, favoriser le commerce de la métropole, contribuer ainsi, dans la mesure de nos moyens, à faire face aux obligations de la France dont nous sommes une partie ; le sacrifice que nous pourrons faire ne sera que la compensation de ceux qu'elle a fait pour la conquête, l'organisation de la Cochinchine française, de ceux qu'elle continue à faire pour son amélioration et sa conservation. La compensation sera faible et le bénéfice petit, mais nous aurons fait notre possible pour favoriser le commerce national.

Mais, dit M. Vienot, si au point de vue du commerce, la métropole ne retirera pas un bénéfice considérable de la création des douanes, au point de vue de la navigation, le système sera autrement efficace, si on impose aux navires étrangers une surtaxe de pavillon.

Nos navires français dégrevés, favorisés, viendront alors dans nos mers, y rayonneront, faisant flotter le pavillon français dans les ports avoisinants, où il se montre trop rarement, car, alors favorisés par la décharge qui résultera de la surtaxe imposée aux autres, ils pourront faire le cabotage, ce qui leur a, pour ainsi dire, été impossible jusqu'ici, et ce cabotage, ils pourront le faire non seulement entre Saigon et les ports voisins, mais encore entre ces derniers.

En ce moment tout le commerce de Saigon à Hongkong se fait par navires étrangers, si les navires français, étant favorisés, ont un bénéfice à venir dans ces mers, non seulement ils y viendront plus nombreux, mais ils y resteront, et la navigation française aura trouvé un débouché nouveau, de là une multiplication importante du pavillon français qui ne peut qu'augmenter notre influence.

Ainsi donc, en ce moment, les relations sont presque nulles avec la France, parce que les produits étrangers écrasant ceux de la métropole par leur bon marché, le commerce d'importation est en grande partie absorbé par les maisons étrangères, qui le font au moyen de navires étrangers ; si l'on frappe les produits étrangers, les navires étrangers de droits qui rétablissent l'équilibre entre le prix des produits, les notres seront préférés parce qu'ils sont meilleurs. Le débouché créé, de nouvelles maisons françaises se créeront aussi en voyant leur existence assurée et petit à petit la France reprendra sa suprématie par la substitution des maisons françaises aux maisons étrangères.

M. Vienot pense donc que le système qu'il préconise peut être fort utile sans imposer de trop lourdes charges.

Il veut répondre quelques mots aux observations de M. Cornu, à la dernière séance, sur le danger du système des douanes protectrices et fait observer que dans la métropole, lorsque l'on veut protéger un produit, les fers, par exemple, c'est aux autres industries qu'on demande la taxe et vice versa. Si on veut protéger les produits métropolitains, on taxe les produits coloniaux, il est urgent de protéger le commerce français aux colonies, d'en favoriser le développement, il faut donc taxer les marchandises étrangères, les navires étrangers.

M. Vienot termine en disant qu'il y a là une question plus haute encore, une question de patriotisme, de reconnaissance, la France fait pour nous de lourdes dépenses pour l'entretien, la conservation de la colonie, ses garnisons, la flotte, les transports qui font le service de Saigon à Toulon, tout cela coute, et les 2,000,000 que nous donnons annuellement sont loin d'être la représentation de ces frais.

Voulons nous rester sur le terrain purement égoïste, et dire à la France que nous entendons qu'elle se passe de nous et ne nous demande aucun sacrifice ? La réponse serait simple, elle n'aurait qu'à nous dire : « alors pourvoyez vous même à tout, » et alors ce ne sera pas un sacrifice, en réalité minime, qu'il faudra demander aux habitants de la colonie, ce seront des taxes écrasantes qu'il faudra leur appliquer, la solution s'impose donc et une fois le principe accepté, la métropole aura intérêt à ce que le système produise beaucoup pour elle, en envoyant beaucoup.

Quant à savoir s'il faut une douane *ad valorem* ou une douane à droit fixe, c'est une question d'application qui viendra en son temps, cependant il pense qu'il serait préférable d'adopter des droits fixes.

M. Rivière demande ensuite la parole.

Il dit qu'il est d'accord avec M. Vienot sur le principe de l'établissement des douanes, mais qu'il ne comprend pas très bien sa théorie de la surtaxe de pavillon.

Il voudrait que les marchandises, soit françaises, soit étrangères puissent venir en Cochinchine par navire français ou étrangers et que seules les marchandises étrangères fussent frappées d'un droit d'entrée ; il ne saurait admettre une surtaxe de pavillon qui aurait certainement pour résultat d'éloigner les navires étrangers, ainsi, dit-il, il y a une ligne anglaise qui, partant d'Anvers, vient ici périodiquement, il est certain que si les navires étrangers sont frappés d'une surtaxe, cette ligne n'acceptera plus de fret pour Saigon, ce qui serait fâcheux.

Il veut donc que l'on protège la marchandise française, mais en même temps qu'on laisse la liberté entière de la navigation ; autrement c'est se livrer pieds et poings liés à la compagnie des Messageries qui pourrait faire peser lourdement son joug ; partisan convaincu de la protection pour les marchandise, il trouve que c'est un avantage que d'avoir le plus de navires possibles à sa disposition, peu lui importe leur pavillon.

M. Vienot répond qu'il faut protéger la marchandise et le pavillon français ou ne rien protéger de tout ; la protection sera bien plus efficace en protégeant les navires : le stock de marchandises importé d'Europe est relativement peu important et peu de navires suffisent pour ce transport, ce qu'il faut surtout c'est de créer des avantages aux navires français, et de les favoriser, de façon à ce qu'ils se livrent au cabotage dans ces mers d'une manière suivie, qu'ils servent à l'exportation sur les ports voisins, voilà, d'après lui, le moyen de multiplier les navires français dans les mers de Chine avec protection vraiment efficace.

M. Jouvet demande si le pavillon français n'est pas déjà suffisamment protégé par la prime de navigation.

M. Vienot répond qu'à son avis ce n'est pas suffisant pour amener les navires jusqu'ici. Il cite l'exemple de la Compagnie nationale, qui, après avoir touché la prime, a fait quelques voyages sur Saigon et qui y a renoncé ; pourvu que ses navires tiennent la mer, au point de vue de la prime, peu importe où ils vont et il est convaincu que si cette compagnie avait trouvé un avantage sérieux dans une différence de taxe elle aurait continué à fréquenter notre port, et il n'aurait vu aucun inconvénient à ce qu'elle eut amené la suppression de la ligne d'Anvers au profit d'une compagnie française, au contraire.

Surtaxez les pavillons étrangers, les navires étrangers viendront certainement moins, mais les navires français augmenteront et c'est ce qu'il souhaite ; dans sa pensée, par exemple, il voudrait voir toutes les marchandises françaises importées par navires français exemptes de droit, celles que viendraient par navires étrangers, mais qui seraient de provenance française frappées d'un demi-droit, et vice-versa pour les marchandises étrangères importées par navires français, quant aux marchandises étrangères venant par navires étrangers elles paieraient le droit entier.

M. Jouvet demande si une pareille combinaison est possible avec les traités existant ?

M. Vienot répond que oui, les traités de commerce ne concernant pas les colonies ; il achève d'exprimer sa pensée sur la surtaxe de pavillon, ainsi un navire français, venant avec un chargement français, ne payerait rien ; s'il charge ici, il serait exempt d'une partie des droits de sortie ; s'il revient avec un chargement étranger, il ne paierait que demi-droit, ce serait une véritable subvention donnée au pavillon français.

M. Cornu exprime l'avis que ce serait fort difficile.

M. Vienot ne le croit pas, puisque cela se fait déjà pour le Tonquin et pour les droits de sortie pour les riz destinés à l'Europe.

M. Cornu y voit des difficultés réelles, par exemple, dans un port voisin, un négociant affrète un navire français en travers, il ne sait pas encore, il ne peut pas savoir d'avance la plupart du temps ce qu'il y chargera, par suite quel serait le droit que paiera le chargement, il lui est par suite impossible d'avoir une base sérieuse pour accorder un fret plus avantageux ; il est donc bien difficile de dire, d'ores et déjà, qu'à raison de leur détaxe nos navires français trouveraient de meilleurs frets.

M. Catoire demande la parole.

M. Vienot, dit-il, veut un système de protection, et, en préconisant le droit fixe, il le détruit. En effet, si on arrive à ce résultat que nos navires fassent le cabotage avec les ports voisins, la marchandise apportée par eux, étant toujours en ce cas dégrevée d'un demi-droit, la marchandise étrangère aura toujours un avantage sur la marchandise française, et, on pourrait, en organisant un système de transbordement sur navires français dans les ports voisins, maintenir cet avantage, les navires français y gagneront peut-être, mais la marchandise ne sera pas protégée en réalité et l'avantage restera toujours aux produits étrangers. Tandis qu'avec une douane *ad valorem* sur les marchandises étrangères, sans s'occuper du pavillon, le résultat serait tout autre.

M. Vienot dit que c'est vrai, mais il veut les deux résultats venue des navires chargés et stationnement, il ne voit pas d'autre moyen, à moins de leur donner des primes en argent.

M. Cornu trouve qu'en effet il vaudrait mieux donner des primes en argent ; les choses, à coup sûr, ne seront pas les mêmes pour toutes les marchandises, les unes paieront plus, les autres moins. Comment pourra-t-on savoir, il le demande encore, sur quoi se baser pour conclure un affrètement, puisque, la plupart du temps, quand le navire est affrété, on ignore encore qu'elle sera la nature du chargement et si les droits seront par suite faibles ou élevés.

M. Catoire ajoute encore qu'on a beau dire et beau faire, que si le système de M. Vienot venait à prévaloir, le but serait manqué, la protection devenant nulle si les marchandises étrangères ne paient que demi-droit, si elles sont chargées sur des navires français.

M. Rivière croit qu'on aurait pu laisser de côté la question de pavillon et ne s'occuper que de la marchandise, car, en réalité, il voit de grands inconvénients à fermer la voie aux compagnies de navigation étrangères et pourvu que les produits nationaux soient efficacement protégés de manière à dominer le marché, il ne faut peut-être pas s'inquiéter de la manière dont ils sont transportés.

M. Catoire est d'avis qu'en ce qui concerne le pavillon, la prime à la navigation est suffisante.

M. Cornu pense qu'on s'occupe du moins malade en s'occupant de la navigation, la prime paie le charbon, une partie des autres frais, les navires français ont donc un avantage.

M. Vienot fait observer que les pays étrangers payent aussi des primes à la navigation, l'Italie par exemple et aussi croit-il, l'Allemagne.

M. Cornu demande si réellement ce système peut produire les résultats que M. Vienot en attend ? est-ce que les colonies voisines ne s'empresseront pas de nous rendre la pareille ? Est-ce qu'avec les facilités de construction à bon marché qu'a l'Angleterre, le cabotage ne sera pas toujours presqu'exclusivement à elle ? Cette surtaxe de pavillon finirait par être une lourde charge sans compensation suffisante.

Un échange d'observations entre M. Cornu et M. Rivière démontre que, somme toute, ce n'est pas à la France que profite la mesure de réduction des droits de sortie sur les riz expédiés en France, la France ne consommant que très peu de riz.

M. Catoire expose encore que, en adoptant le principe de la douane, si on grève la marchandise à l'entrée, ce ne peut être que pour dégrever d'autant l'agriculture, on peut arriver à ce résultat et favoriser malgré tout le pavillon français sans surtaxer les autres. Les navires français ne viennent pas dans nos mers, parce qu'ils n'y peuvent pas faire le cabotage, qui n'est pas assez payé pour leur procurer, en l'état, un bénéfice. Le seul moyen à son avis qui soit susceptible de profiter à l'agriculture et à la navigation, c'est de dégrever entièrement les riz sortant par navires français, en laissant la navigation libre à l'entrée et en ne frappant que la marchandise.

M. Vienot n'y voit pas d'inconvénients et veut surtout faire disparaître cette anomalie que les colonies ne servent qu'aux étrangers, au lieu de profiter à la France, que les ports coloniaux ne soient que des ports d'escale des navires étrangers ; il voudrait qu'ils soient aussi non-seulement ports d'escale pour les navires français, mais ports de stationnement, ports d'attache et d'armement avec le temps.

Une discussion générale s'engage sur cette donnée.

M. Cornu voudrait répondre à M. Vienot, mais l'heure est avancée et il est obligé de se retirer.

La suite de la discussion est renvoyée au samedi 3 novembre, à 3 heures précises.

La séance est levée à 5 h. 1/4.

Séance du 3 novembre 1883.

La séance est ouverte à 3 heures sous la présidence de M. Cornu.
Tous les membres de la commission sont présents.

M. Niobey, secrétaire, s'excuse de n'avoir pu terminer le procès-verbal de la dernière séance, mais le temps lui a littéralement manqué, et demande à ce que les deux procès-verbaux soient soumis en même temps à la Commission.

M. Schroeder expose la théorie de Leroy-Beaulieu sur les douanes aux colonies, dont il est partisan, et ajoute qu'à son avis on se perd dans la discussion, il n'y a pour l'instant qu'à s'occuper du principe, les questions d'application viendront en leur temps, ce sera l'affaire du Conseil colonial.

M. Cornu explique que la discussion n'est pas oiseuse, car elle pourra en son temps être utile au Conseil colonial, en lui faisant connaître l'opinion du commerce, la Chambre de commerce étant représentée dans la commission.

M. Schroeder dit qu'à ce moment, le Conseil colonial ne manquera pas de consulter la Chambre de commerce comme il l'a toujours fait lorsqu'il s'est agi de questions intéressant le commerce général.

M. Cornu insiste, s'il s'agissait d'une mesure fiscale, il ne discuterait même pas, il a dit déjà qu'il considère la douane fiscale comme un excellent moyen de répartir l'impôt, mais il voit s'avancer la protection armée et il s'élève contre la mesure ; il veut savoir ce qu'il va voter, car de la question dépend son vote, est-ce un droit fixe fiscal ? il voterait oui. Est-ce la protection ? il voterait non. La question d'application a donc son intérêt et certains membres de la Commission dont on a tenu à avoir l'avis, lui-même, peuvent disparaître, leur opinion au moins restera si elle est consignée aux procès-verbaux de la Commission. Il est donc bon de savoir non-seulement s'il y aura douane, mais encore quelle douane, il ne s'élève en somme que contre la protection.

M. Rivière demande la parole qui lui est accordée.

M. Rivière est, lui, partisan de la protection en ce qui concerne les marchandises françaises, et ne veut pas de surtaxe de pavillon ainsi qu'il l'a déjà exposé et pour démontrer la nécessité de protéger l'importation française il a fait le relevé des diverses importations faites en 1882.

La valeur des marchandises importées, tant françaises qu'étrangères, sans tenir compte du chiffre des importations pour le compte de l'État, a été de $ 9.223.735.

Dans ce chiffre la France figure pour $ 1.344.432, l'étranger pour $ 7.880.303.

Si donc, dit-il, nous frappons un droit d'entrée moyen de 7 1/2 p. 0/0 sur les marchandises provenant de l'étranger, nous obtenons par ce moyen un chiffre de $ 591.022, duquel il y aura à défalquer $ 30.000 environ pour frais d'administration d'une douane, d'où un revenu net de $ 560.000.

Parmi les marchandises qui présentent les plus gros chiffres à l'importation figurent les suivantes :

	Etranger.	France.
Fers ouvrés	$ 110.000	$ 60.000
Fers en barres	34.000	10.000
Machines	133.000	32.000
Cotonnades et tissus	1.536.369	24.000
Thés	405.000	»
Soieries	400.000	»
Librairie-papeterie	426.000	50.000
Droguerie	155.000	21.000
Fruits et légumes	150.000	12.000
Tabac	75.000	17.000
Vins en barriques	»	351.000
Liqueurs en caisses	»	30.320
Spiritueux	»	45.000
Absinthe	»	11.900
Vins en caisses	»	28.000
Bières	50.000	2.000
Farines	110.000	36.000

D'où l'on voit que les seuls articles français, présentant à l'importation une valeur plus grande que ceux venant de l'étranger, sont les vins et spiritueux.

Il y a donc lieu de favoriser l'extension du commerce français écrasé par la concurrence étrangère et pour cela de voter un droit d'entrée sur les marchandises étrangères importées sous n'importe quel pavillon et d'admettre en franchise, dans la colonie, les marchandises françaises ou des colonies françaises sans différence de pavillon.

Quant à la question des droits elle sera ultérieurement discutée.

M. Schroeder dit qu'il pense que M. Rivière fait erreur au moins en ce qui concerne les fers. Pour son compte, comme représentant la maison Eiffel, il a reçu pour $ 200.000 de fers sur 7 navires étrangers, il ne serait pas juste, de compter comme fers étrangers des fers français, parce qu'ils auraient été importés par des navires étrangers ; il ne faut pas voir non-seulement des marchandises françaises dans celles portées des ports français sur navires français. La maison Eiffel notamment a ses ateliers à Levallois-Perret, et si elle trouve plus d'avantage à charger ses produits à Anvers plutôt qu'à Marseille, ce n'est pas une raison pour qu'ils soient devenus étrangers par ce seul fait.

M. Jouvet fait observer qu'il y a eu bien des fraudes aussi dans le sens inverse et que, pas mal de fers ont été chargés sur navires français, dans des ports français, comme fers français, qui étaient de provenance étrangère.

M. Vienot fait remarquer que la maison Eiffel est en dehors, puisque, dans la statistique de 1882, il y a un article spécial pour les ponts du chemin de fer auxquels les produits de cette maison sont destinés.

M. Catoire demande la parole : c'est nous, dit-il, colons qui payons, par les produits de la colonie et encore par les produits de France, les bénéfices que réalisent les étrangers sur les marchandises étrangères, il faut y mettre un terme.

On a beau dire que nos vins et spiritueux sont sans concurrence, si on ne protège pas ce commerce, les étrangers finiront par le faire directement.

Quant aux tissus, on nous fait de l'étranger une concurrence à laquelle les produits français ne peuvent résister, de même pour les fers, n'est-il pas de toute justice de se protéger ?

M. Cornu ne saisit pas bien, il n'y a jamais eu de droits sur les spiritueux, pourtant il n'en vient pas de l'étranger, il est vrai que pour les tissus nous sommes écrasés.

M. Catoire répond que l'Allemagne pourra nous faire désormais concurrence pour les spiritueux, car elle en fabrique beaucoup et à bon marché, s'il n'en vient pas encore directement, il faut prendre ses mesures pour qu'il n'en vienne pas sans acquitter des droits.

M. Vienot remarque qu'en France on dénature et transforme quantité de 3/6 allemands qui nous viennent ici ensuite comme produits français.

M. Rivière ajoute qu'à Bordeaux, en effet, on utilise beaucoup d'alcools allemands qui sont très bons.

M. Catoire fait observer que cela vient à l'appui de sa thèse, pour ne pas payer de droits d'entrée en France, ce qui a lieu aujourd'hui pour leurs alcools bruts, les allemands les prépareront spécialement pour les colonies et les y enverront en franchise, c'est ce qu'il ne veut pas.

M. Vienot est de cet avis et l'observation de M. Rivière prouve que cette industrie elle même n'est pas très brillante en France, raison de plus pour la protéger.

M. Cornu dit que la douane sera certainement un impôt en argent pour le pays et une gêne pour le commerce : Il n'y a qu'à remarquer la promptitude avec laquelle la Réunion et les Antilles l'ont abolie, dès qu'elles ont pu le faire, pour s'en convaincre. De 65 millions en 1860, les importations françaises sont tombées à 32,000 en 1882 dans les colonies, c'est donc qu'elles ont trouvé un avantage à se pourvoir ailleurs.

M. Catoire : C'est que, au temps de la prospérité de Bourbon, on faisait du luxe, aujourd'hui que la colonie est plus pauvre on s'y habille plus modestement, on fait venir moins de produits et si l'envoi des tissus de France a diminué, c'est à cause du bon marché de ceux de l'étranger.

M. Jouvet : M. Catoire n'est pas dans le vrai, c'est que la production a diminué dans nos colonies.

M. Catoire répond que c'est ce qu'il veut dire, c'est la diminution de la production qui a amené la pauvreté.

M. Vienot ne croit pas que la pauvreté des colonies soit la seule cause de la diminution signalée par M. Cornu, en effet, personne, devant un produit anglais meilleur marché, n'hésitera et le produit anglais triomphera.

M. Cornu poursuit : Une partie de cette diminution provient de ce que le pays est ruiné, une autre provient de ce qu'il y a eu avantage par le bon marché d'acheter des marchandises étrangères.

Et vous voulez perdre cet avantage !

Au profit de qui? Des maisons françaises qui vont se multiplier suivant certains membres de la commission ? Ce n'est pas certain ! Les maisons étrangères, allemandes surtout, sonten position tout comme les notres de profiter de la protection. Elles ont autant de relations, plus peut-être, avec les fabricants français, elles ont de plus des agences de banque, d'assurances et de consignations de steamers qui leur donnent un courant d'affaires qui manque aux maisons françaisse et M. Cornu pense qu'elles absorberont une grosse part dans le commerce nouveau des tissus français, que la protection aura développé.

L'industrie française profitera certainement de cet état de choses, mais dans quelles proportions? Il faut d'abord pour adopter des mesures qui pèseraient sur toute la population de la colonie, s'assurer que leur effet sera utile à quelqu'un d'une façon appréciable. Quel appoint pouvons nous apporter aux 3 milliards 500 millions exportés annuellement de France ?

Il ne faut pas compter comme l'a fait M. Rivière sur une importation totale, il y a des articles que la métropole ne fournira jamais, c'est un calcul à établir pour la discussion générale.

M. Cornu ne croit pas non plus que les plaintes de l'industrie francaise soient bien fondées. Suivant un tableau publié par l'*Économiste* des 3 et 10 mai 1883, notre exportation va toujours en croissant. Sans doute, si on la compare à celle des années 1873, 1874 et 1875, on trouve une diminution, mais les causes sont indiquées dans les articles, elles sont générales et elles ont affecté dans le même sens le commerce anglais ; dans tous les cas, ce ne sont pas les mesures présentes qui peuvent modifier la situation.

M. Vienot interrompant fait remarquer que le jour où, par la protection, on aura établi la prédominance des produits français, les avantages des maisons étrangères dont parle M. Cornu diminueront, les navires français se consigneront chez les Français.

Si l'on acclimate le pavillon français dans ces mers, tous ces avantages, les maisons françaises en jouiront, agents des bâtiments français, elles auront aussi des agences de banque, d'assurances ; en ce moment, ce n'est pas possible parce que les relations font défaut, le jour où les traites, les documents passeront par les maisons françaises, ce jour-là, elles aussi deviendront agences de banque, d'assurances.

M. Cornu croit que c'est une erreur, jamais banque n'enverra des agents de Paris ou de Londres qui ne feraient pas assez d'affaires pour faire face aux frais ; pour qu'une banque réussisse, il faut qu'elle ait des relations d'affaires partout.

M. Vienot dit qu'il ne parle pas d'agents proprement dits, MM. Speidel et Hale, par exemple, sont agents sans frais de la Chartered bank of India, Australia and China et de la Mercantile bank, ce sont de simples intermédiaires, pourquoi demain le Crédit lyonnais, par exemple, n'aurait-il pas à Saigon une agence de cette nature.

M. Cornu répond que ce qui permet précisément à MM. Speidel et Hale d'être agents de ces banques dans ces conditions, c'est que, de tous côtés, elles ont des agences véritables, autrement, s'ils n'avaient de relations qu'avec leurs maison de Londres, ce serait impossible.

M. Rivière pense que jamais une banque n'aura d'agence à Saigon.

Et M. Cornu ajoute que si l'on retirait le portefeuille à la banque de l'Indo-Chine, elle ne ferait rien, parce que ni elle, ni les autres banques qui viendraient ne pourront avoir des relations avec tous les pays avoisinants ou lointains.

M. Catoire n'est pas de cet avis, le jour où le pavillon français sera assez multiplié dans ces mers, pour permettre d'avoir des assureurs français, un agent du Veritas donnant lui-même la cote aux navires, ce jour-là les banques feraient des affaires.

M. Cornu reprenant sa discussion : M. Vienot, dit-il, ne s'est pas arrêté à la protection des marchandises, il veut encore protéger le pavillon et veut ajouter à la prime, qui a pour but de permettre à nos steamers de naviguer partout, une détaxe de droits sur les riz qui les avantagera encore ici. Le moyen est dangereux, nos voisins de Hongkong, nos principaux consommateurs n'ont qu'à frapper à l'entrée le pavillon français d'un droit égal à la détaxe dont ils auront profité ici, pour remettre toutes choses en état. Ils peuvent le faire à bien peu de frais.

M. Niobey : Qui empêcherait alors d'expédier directement sur les ports de Chine. Hongkong n'est qu'un entrepôt, un lieu de transit, le vrai consommateur, c'est le chinois ?

M. Vienot : La réponse à M. Cornu est dans le fait qu'il existe dans ces mers des colonies où les pavillons étrangers paient des surtaxes, Manille par exemple.

M. Cornu dit qu'il s'est renseigné et que depuis 1879 les droits sont supprimés.

M. Vienot : Hongkong, en tous cas, n'avait pas risposté :

M. Catoire dit que M. Vienot parait être seul de cette opinion, qu'à son avis, à lui, la prime est suffisante. On a dit dans la discussion que les armateurs se plaignent toujours, qu'ils se plaignaient même quand le frêt sur Hongkong se payait 40 et 45 cents ; il a un peu l'expérience de ces choses et certes il n'a jamais entendu un capitaine se plaindre, quand ils avaient du frêt à 45 cents, aujourd'hui il faut que les navires se contentent de 15 cents et gagnent à ce prix là ! aussi les seuls navires qui viennent, ce sont ceux qui ont un frêt de sortie assuré ; ils font des spéculations particulières sur lesquelles ils peuvent faire des bénéfices, c'est une affaire de chance, mais pour ceux qui ne font que du frêt, ils ne pouvaient y résister avant la prime.

La situation n'est pas si prospère ; à Dunkerque on ne construit plus et les bassins sont encombrés de longs courriers qui n'en bougent plus, il faut recourir à la spéculation pour gagner de l'argent ; si, au contraire, sans se préoccuper des navires, vous protégiez l'exportation française, forcément ils trouveront leur emploi, peut-être la construction reprendra-t-elle.

M. Cornu répond que les voisins contruisent aussi à bien meilleur compte, il ne blâme certes pas la prime à la navigation, mais il ne croit pas que par elle on arrive à remplacer les pavillons étrangers par le pavillon français dans le commerce de nos mers.

M. Catoire croit pourtant que la France peut supporter la concurrence avec les navires étrangers, les primes ont fait remonter la navigation.

M. Cornu dit que les autres nations encourageront leurs navires, que l'Italie aussi a voté la prime à la navigation, mais que l'Allemagne la refuse.

M. Vienot. Elle a pris la prime à l'exportation n'ayant pas de colonies.

M. Cornu : Elle ne peut remplacer la prime à la navigation, les marchandises n'appartiennent pas à l'armateur, les armateurs à Hambourg l'ont refusée. Que notre pavillon réussisse, croit-on que le pavillon allemand, bien plus répandu que lui dans ces mers, ne se fera pas également donner un appui qu'on est disposé à lui accorder?

M. Vienot dit que c'est pour cela qu'il veut un régime de faveur, il n'y a que la France et l'Angleterre qui aient des colonies dans ces mers, lorsque l'Italie, l'Allemagne et les autres nations européennes auront donné des primes à la navigation, nous pourrons encore avoir la suprématie, car elles n'ont pas de colonies.

M. Cornu : Ce duel, à la protection ne peut réussir.

M. Vienot : Les colonies anglaises de production ont des douanes à leur profit.

M. Cornu : Oui, l'Australie notamment impose les produits de la mère patrie qu'elle honore de loin.

M. Catoire : très-bien, parce que ces colonies anglaises sont faites d'éléments européens.

M. Cornu n'y fait pas de différence.

M. Catoire : Il y en a une à établir pourtant, l'Australie, dont on parle, a une industrie européenne qui lui est propre, on comprend qu'elle grève les produits similaires de la métropole, il n'en est pas de même ici.

M. Vienot : Cherchez une colonie anglaise semblable à la notre, l'Inde a peu d'industrie et cependant il y a des douanes.

M. Cornu : il y a un malheur, c'est que ceux qui en France veulent s'occuper de ces questions ne sont pas toujours fort compétents et notamment, le député qui a porté à la chambre les doléances du commerce et de l'industrie française a commis une grosse erreur ; il a relevé le commerce général, le commerce spécial, l'exportation et il a tout additionné, il a ainsi trouvé un excédant d'importation de 14 milliards qui en réalité n'existe pas, il ne faut pas se laisser entrainer par des mirages.

Il lui parait résulter de l'examen qu'il vient de faire que la protection n'assurera pas le commerce aux maisons françaises de Saigon et encore moins à notre pavillon le transport de nos riz, quant au débouché à l'industrie nationale il le croit insignifiant.

Mais, dit-il, l'économie politique est une science ardue et ceux qui ne sont pas initiés à ses déductions, même à son langage, peuvent commettre des erreurs énormes ainsi qu'il vient de le montrer.

Aussi, sortant des suppositions, M. Cornu appelle l'attention de la commission sur ce qui se passe dans les autres pays.

Il voit que les colonies françaises ont secoué le joug commercial de la métropole aussitôt qu'elles ont pu le faire.

Que Java, dont l'importance vis-à-vis de la Hollande est bien autre que celle de toutes nos colonies réunies vis-à-vis de la France, a cessé depuis 1874 d'avantager le pavillon hollandais.

Que Manille même, restée fermée si longtemps, vient d'abolir tous droits protecteurs.

Et pour répondre au mot de « patriotique » contenu dans la demande du député, M. Cornu ne peut croire que français, hollandais, espagnols aient été anti-patriotes en agissant ainsi, ils ont consulté les intérêts de la colonie, qui seuls étaient en jeu et se sont débarrassés d'une tutelle qui les gênait.

Est-ce que toutes ces expériences déjà faites par nos ainés ne nous serviraient à rien ?

M. Cornu espère que les arguments qu'il a développés auront modifié l'opinion de la commission et qu'elle votera contre la douane, mais, s'il n'en était pas ainsi, il rappelle que la colonie est née d'hier, que les hommes qui l'habitent sont encore peu habitués à ces questions, qui seront, sans nul doute, traitées dans tous les Conseils généraux coloniaux qui indiqueront a leurs députés la conduite qu'ils devront tenir, que la cause est commune à toutes colonies françaises et qu'il serait sage de recommander à M. Blancsubé de conformer son action à celle des députés des autres colonies.

M. Vienot croit qu'il n'y a pas lieu d'adopter la même résolution que les autres colonies et d'agir de concert, parce que la Cochinchine n'est pas dans les mêmes conditions ; ce qui était mauvais pour les autres colonies peut être bon ici.

La Réunion, les Antilles sont des colonies industrielles et agricoles ayant peu de débouchés, en Cochinchine, nous n'avons pas à craindre pour nos riz ; les riz, même surtaxés, sont de plus en plus exportés, les conditions de production permettent de lutter contre tous.

A Bourbon, il n'en est pas de même, la colonie ne fournit pour ainsi dire que du sucre et la concurrence est grande, il n'est pas besoin de surtaxe pour avoir des frêts à bon prix.

Ici c'est autre chose, ce que nous ajouterons en grevant les produits étrangers, nous le retirons en dégrevant la sortie du riz.

L'exemple qu'on vient de tirer des autres colonies le touche fort peu, celui tiré de Manille ne l'impressionne pas davantage, les produits de Manille sont des produits de luxe, qui se retrouvent ailleurs, dont le prix de revient augmente ou diminue suivant la demande, cela ne suffit pas pour le convaincre.

M. Catoire reconnait qu'on peut dire, il est vrai, que les autres colonies ont fait l'expérience de la suppression des douanes, mais peut-on affirmer que cette expérience ne soit pas mauvaise? il est convaincu que, si elles avaient eu les tarifs *ad valorem*, le même résultat ne se serait pas produit.

M. Cornu: Elles doivent pourtant être satisfaites, puisqu'elles ne changent pas.

M. Catoire ajoute qu'en tous cas, si on accepte l'établissement de la douane, il faut bien spécifier ce que nous voulons.

M. Vienot: La métropole est bien obligée de nous consulter et quand le moment sera venu tout sera spécifié.

Au surplus ajoute-t-il, c'est un malheur très grand inhérent à notre nature que de vouloir toujours raisonner sur l'ensemble des colonies, tout calquer sur les autres ; que nous importe, à nous Cochinchine, ce que les autres ont fait si nous pouvons faire autrement à notre avantage ? que nous importe que les autres colonies veuillent de la douane ou n'en veuillent pas ? ce que nous devons examiner, c'est si la surcharge que cela nous imposera nous est avantageuse.

M. Niobey appuie cette opinion de M. Vienot et il croit que dans la période que nous traversons, au moment où nous poursuivons l'unité de l'Indo-Chine, nous pouvons trouver un avantage à aller même au devant des vœux non dissimulés du gouvernement métropolitain, en tous cas, à ne pas nous y opposer, même au prix de quelques sacrifices, plus nous accorderons à la métropole, plus nous aurons le droit d'en exiger et moins elle pourra s'opposer à nos désirs ; voter la douane est peut-être, d'après lui, un moyen d'arriver à la réunion de la Cochinchine et du Tonquin en une seule colonie, ce que nous désirons tous.

M. Cornu trouve que M. Niobey ne raisonne pas juste, on acceptera, dit-il, votre sacrifice, mais on ne vous donnera rien en échange et vous resterez avec vos charges.

M. Rivière : Ce n'est pas une charge, c'est un revenu ; pour sa part, il vise à dégrever les riz et il en voit le moyen.

M. Cornu voterait une douane fiscale et le dégrèvement des riz, mais jamais un système protecteur.

M. Vienot : M. Niobey vient indiquer un point de vue qui n'a pas encore été traité et qui mérite d'être examiné, on pourrait dire au député : nous cherchons l'union de l'Indo-Chine, eh bien profitez de l'occasion qui se présente de faire un premier pas vers ce but, par la création tout d'abord d'une sorte d'union douanière, que l'on réunisse sous les mêmes règles, sous les mêmes tarifs, la Cochinchine, le Tonquin et l'Annam, dut-on pour cela faire de nouveaux sacrifices, il le faut.

Ce résultat lui parait absolument nécessaire, ce premier pas fait, on fera les autres ensuite.

Mais, du reste, suivant qu'elle entrera ou qu'elle n'entrera pas dans une union douanière, la Cochinchine peut-être exposée à des mécomptes ou retirer des avantages.

L'ouverture des ports du Tonquin peut nous porter un coup très rude, nous n'avons que nos riz, le Tonquin a d'autres ressources.

Supposons, par exemple, que les riz du Tonquin ne soient frappés d'aucun droit de sortie, les habitants trouvant un débouché facile, se trouvant plus près des lieux de consommation, se mettront à en cultiver plus encore, au Tonquin il y a deux, trois récoltes parfois par an, les riz s'exporteront en abondance, ils inonderont les marchés.

Nous serons alors obligés de dégrever nos riz, de faire une guerre de tarifs entre les deux pays.

Si, au contraire, dès les premiers jours les deux pays sont régis par une union douanière, il y a plus alors contre nous que la différence du frêt et du prix de revient; d'un autre côté, comme le Tonquin produit autre chose que du riz, l'avantage n'étant plus aussi grand, les tonquinois nous laisseront continuer à faire nos riz et tireront parti de leurs autres produits, l'équilibre s'établira et chacun en profitera.

Il faut donc demander à ce que l'on établisse un régime douanier commun.

M. Cornu pense que se préocuper du Tonquin, c'est s'occuper d'une question prématurée, ce serait suivant lui aller au devant d'une nouvelle déconvenue que de baser une résolution sur cette hypothèse, car il lui parait probable que le Tonquin sera séparé de la Cochinchine, tout semble le faire supposer.

M. Vienot trouve que la question n'est pas prématurée au moment où le Tonquin va s'organiser, quand il s'agira de revenir sur des faits acquis, si on le laisse s'organiser en dehors de nous, ce sera fort difficile : au contraire, au moment de l'organisation, l'occasion est propice et nous sommes dans les meilleures conditions pour obtenir cette solution.

M. Cornu : La proposition de M. Vienot serait alors le complément de la question à voter.

Si la commission vote une douane fiscale ou une douane protectrice ou une douane à la fois fiscale et protectrice, ce sera alors que la commission pourra être appelée à voter une union douanière.

M. Vienot ajoute que M. Blancsubé dans sa lettre ne s'est pas placé à ce point de vue et que pourtant la solution, qui y sera donnée, peut influer beaucoup sur le résultat final et sur nos destinées.

M. Cornu croit que ce serait dangereux.

M. Schroeder dit que si nous ne occupons pas de cette question, on s'en occupera ailleurs et peut-être à notre grand préjudice, il ne faut pas toujours traiter des questions de cette nature au simple point de vue matériel, il ne faut pas être terre à terre et, à propos d'une autre question, M. Jourdan avait raison de dire au Conseil colonial qu'il faut s'élever au-dessus des mesquines considérations ; ici aussi il faut se placer un peu au point de vue politique.

M. Rivière estime que la commission n'est réunie que pour donner son opinion sur l'organisation d'une douane.

M. Vienot insiste pour que la question d'union douanière soit posée dans le but de faire un pas vers l'unité.

M. Rivière dit qu'il lui parait que la discussion est épuisée et que M. le Président pourrait consulter la commission sur le point de savoir si elle veut une douane avec protection ou non.

Une discussion générale s'engage sur la position de la question, il est décidé qu'il y a lieu de scinder le vote et M. le Président met successivement aux voix les questions suivantes:

1re *Question*. — La sous-commission est-elle d'avis d'inviter le Député à conformer son action à celle des députés des autres colonies ?

2e *Question*. — Est-elle d'avis qu'il faille créer des douanes en Cochinchine ?

3e *Question*. — Pense-t-elle que ces douanes doivent être protectrices de l'industrie française ?

4e *Question*. — Pense-t-elle que ces douanes doivent être protectrices du pavillon français ?

5e *Question*. — Pense-t-elle que le régime douanier à créer doive être commun à toute l'Indo-chine et former une union douanière Indo-chinoise ?

Ces questions successivement mises aux voix, le vote donne les résultats suivants ;

1re *Question*. — Non à la majorité de six voix contre une.

2e *Question*. — Oni à la majorité de six voix contre une.

3e *Question*. — Oui à la majorité de six voix contre une.

4e *Question*. — Non à la majorité de cinq voix contre deux.

5e *Question*. — Oui à l'unanimité.

Après ce vote la commmission consultée sur le choix du rapporteur désigne M. Rivière par acclamation.

La commission sera ultérieurement convoquée pour la lecture et l'approbation des procès-verbaux et du rapport.

La séance est levée à 5 heures 20 minutes du soir.

RAPPORT

Messieurs,

Une communication officieuse du Député de la Cochinchine, nous informe que le Ministre de la marine et des colonies songe à saisir le Parlement de l'utilité d'établir des douanes en Algérie et dans d'autres colonies, et que selon toute probalité la Cochinchine se trouvera également comprise dans cette mesure ; d'où il résulte qu'il convient de prendre les devants et de nous prononcer sur une question qui pourra nous être posée.

Le commerce et l'industrie française, après avoir occupé dans le monde commercial une des premières places parmi les nations du continent d'Europe, pour les exportations, subissent depuis plusieurs années un mouvement rétrograde dans leur importance qui éveille à juste titre de légitimes craintes pour l'avenir à quiconque veut comparer le passé avec le présent.

Le Ministre de l'agriculture et du commerce agité par les mêmes inquiétudes que nous partageons tous, cherche le moyen le plus efficace pour conjurer le mal, et réagir contre ce qui a lieu en cherchant à provoquer le débouché des produits français à l'extérieur et en leur ouvrant la voie la plus propice pour les faire arriver dans les meilleures conditions de prix dans les colonies françaises, ou à l'heure actuelle ils se trouvent concurrencés par les produits similaires étrangers auxquels les préférences du consommateur sont dévolues par le fait du meilleur marché.

De prime abord, il semble naturel d'avoir recours au moyen le plus pratique d'abaisser le prix de revient de l'industrie française en la dégrevant des droits d'entrée, dont seront frappés les produits étrangers.

De ce fait, Messieurs, l'établissement d'une douane s'impose, et c'est ce qui a eu pour motif de réunir une commission composée de membres appartenant aux diverses assemblées délibérantes de la colonie à l'effet d'élucider cette importante question.

La commission n'a pas cru devoir inviter le Député de la Cochinchine à conformer son action à celle des Députés des autres colonies, par la raison très judicieuse que nos mœurs, nos coutumes, nos relations extérieures, et nos intérêts étant sur beaucoup de points dissemblables, il ne pouvait nous convenir de courir la chance d'être assimilés aux autres colonies.

Les membres de la commission après avoir longuement élaboré les diverses théories tendant à l'établissement d'une douane, ou d'un impôt de mer, pour se mettre en garde contre certaines prétentions que pourrait concevoir la métropole, se sont montrés favorables à ce projet, et en ont déclaré l'utilité se basant sur les considérations suivantes :

1º Qu'il importait dans la mesure de nos forces de venir en aide à l'industrie française, en l'introduisant en franchise dans cette colonie, afin de lui permettre de lutter avec avantage avec les produits étrangers.

2º De frapper d'un droit d'entrée les marchandises de provenances étrangères, d'un droit *ad valorem* qui sera l'objet d'une législation ultérieure. A cet égard, un rapprochement de statistique a démontré que durant le cours de l'année 1882, il était entré en Cochinchine pour une valeur de *neuf millions de piastres* de marchandises diverses, écartant celles reçues pour le compte de l'Etat, et que sur ce chiffre, l'industrie française n'y figurait que pour la somme de *800 mille piastres*.

Des considérations nombreuses ont conduit la commission à envisager que l'urgence d'un droit protecteur pour l'industrie française devait résulter de cet état de choses, et que sans avoir égard à l'unification des droits dont la pratique était depuis quelques années mise en usage par de certaines colonies françaises, qui avaient impitoyablement frappé de droits excessifs ou prohibitifs les produits étrangers, il convenait pour la Cochinchine, en évitant l'écueil de ces exagérations, de frapper un droit qui n'eut rien d'exagéré par rapport à la valeur. La commission a apprécié, en outre, que l'impôt projeté devant porter sur une valeur de 7 à 8 millions de piastres, pourrait représenter au budget une somme relativement considérable dont l'emploi pourrait être affecté au dégrèvement des droits de sortie sur les riz.

A l'encontre des usages mis en vigueur dans la plupart des colonies françaises et étrangères, les riz de la Cochinchine se trouvent frappés d'un droit de sortie exhorbitant de 15 cents par picul donnant une moyenne d'environ 10 % sur la valeur de ce produit du sol.

Des nécessités budgétaires ont pu avoir leur raison d'être d'élever ces droits, à un moment donné, à ce chiffre disproportionné d'avec la valeur de la chose, il importera prochainement de réviser ces tarifs, et ce qui nous permettra d'en abaisser le prix ce sera la perception des droits sur les produits étrangers, partant de ce principe qu'il est rigoureusement exact en économie politique que les produits du sol doivent pour la prospérité de l'agriculture, être les moins frappés à la sortie.

Au sein de la commission la question de protection du pavillon français a été agitée, mais la majorité a cru ne pas devoir admettre cette protection, considérant que la marine se trouvant déjà favorisée par des primes de navigation, il devenait superflu de la doter d'une faveur nouvelle qui, à l'usage, pourrait présenter plusieurs inconvénients.

Après examen attentif et approfondi sur la matière, la commission a reconnu à l'unanimité que le régime douanier à créer devait être commun à toute l'Indo-Chine et former une union douanière Indo-chinoise.

En conséquence, et par les raisons déclinées plus haut, la commission décide : qu'il convient d'instituer une douane en Cochinchine, sans conformer l'action de son Député à celle des Députés des autres colonies, qu'en outre, ces douanes doivent être protectrices de l'industrie française et que son action devra être commune à l'Union douanière Indo-chinoise.

J.-A. RIVIÈRE.

Séance du 19 novembre 1883.

La Commission convoquée pour ce jour, 4 heures, par son président, pour entendre la lecture des procès-verbaux et du rapport de M. Rivière, s'est réunie au lieu ordinaire de ses séances, sous la présidence de M. Cornu.

La séance est ouverte à 4 heures un quart.

Sont présents :
MM. Cornu, président.
Rivière, rapporteur.
Catoire.
Jouvet.

MM. Schroeder, Vienot et Niobey se sont excusés près de M. le Président.

Lecture est donnée des procès-verbaux et du rapport qui sont approuvés sans observations.

Les documents seront transmis à M. le Président du Conseil colonial.

La séance est levée à 5 heures 20 minutes.

Saigon. — Imprimerie C. GUILLAND et MARTINON.

www.ingramcontent.com/pod-product-compliance
Lightning Source LLC
Chambersburg PA
CBHW060618050426
42451CB00012B/2320